एक आशा एक किरण

मनोज बंसल

ISBN 978-93-5610-085-5
© Manoj Bansal 2022
Published in India 2022 by Pencil

A brand of
One Point Six Technologies Pvt. Ltd.
123, Building J2, Shram Seva Premises,
Wadala Truck Terminal, Wadala (E)
Mumbai 400037, Maharashtra, INDIA
E connect@thepencilapp.com
W www.thepencilapp.com

Author biography

बचपन से ही मेरे मन पर कविताओं का बहुत गहरा प्रभाव रहा है, क्योंकि कविताएं जीवन को जीने का नजरिया सिखाती है| वह मनुष्य के दृष्टिकोण को बहुत हद तक प्रभावित करती हैं , यही कारण है कि हमारे पुराने लेखक एवं कवि मानसिक तौर पर बड़े ही सुदृढ़ और सुलझे हुए विचारों के व्यक्ति होते थे |एक आशा- एक किरण पुस्तक में मैंने इसी प्रकार की कवियों की कविताओं का संकलन किया है ,जो मनुष्य को आगे बढ़ने की प्रेरणा देती हैं यद्यपि पेशे से एक गणित अध्यापक होते हुए भी मैं अपने आप को इस कार्य के लिए रोक नहीं पाता हूं, क्योंकि जिस समय मुझे ऊर्जा की एवं सहारे की जरूरत होती है, कविताएं मुझे वह सब देती है | मैं हृदय की गहराइयों से उन सभी कवियों और लेखकों का धन्यवाद करता हूं, आशा है आप सभी पाठक जनों को भी यह पुस्तक एक आशा- एक किरण बहुत पसंद आएगी|

धन्यवाद

लेखक

मनोज बंसल

मेरे माता पिता को समर्पित

CONTENTS

1.हद के भीतर रहना.. 10

2. जिसको भी अपना था चल 13

3.जुदा कोई सोच पालते रहिए 16

4. जीने का अभ्यास 18

5. जीत का मूल मंत्र... 21

6. आओ पहल करें 23

7. जीवन का सुख 25

8. मिथ्या जीवन... 27

9.अपनों से प्यार 29

10. प्रेम कहां मिलता है 31

11.आसमान को अपने नाम कर लू......................... 33

12. कहीं प्यार कहीं टकराव मिलेगा....................... 35

13. जर्मीं भी जरूरी है 37

14. मन चाहिए 39

15. जीवन का फलसफा 41

16. हर हाल में खुश रहो 43

17. पापा 45

18. वे लोग बड़े होते हैं 47

19. मत गिनो मील के पत्थर 48

20.हार जीत 50

21. आज ही चलना होगा 52

22. बचपन खोया सा 54

23. जरूरी तो नहीं 56

24.कभी-कभी 58

25. किस्मत 60

26. सपनों को सजा कर चलो 62

27. वक्त नहीं 64

28.सलीका तो लाइये 66

29. अतीत- वर्तमान 68

30. राही 71

31. सपने 73

32. रोटी 76

33. सफर 79

34. मोती 81

35. छोटी छोटी बातें 83

36. चिंता छोड़ो 85

37. चांद की बातें 87

38. वक्त बताओ तो अच्छा है 88

39. मेरे दोस्त 90

40. एक किरण 92

41. जीवन 94

42. अब मैं बूढ़ा होने लगा हूं 96

43. बुजुर्गों का ध्यान रखते हैं 98

44. मुमकिन है तुम हार जाओगे 100

45. अंबर पर राज तुम्हें करना है 102

46. दीप 104

47. धड़कनों में बजने लगे संगीत 106

48. बहन 108

49. खूबसूरत 109

50. बूंदे 111

Preface

प्रस्तावना

एक साधारण मनुष्य जब मन के भाव को शब्दों के साथ तुकबंदी का रूप देता है, तब उसके कवि होने के सफर की शुरुआत हो जाती है ,यहां पर हम यह पूछे कि पाठक गढ़ के लिए कविता का क्या महत्व है, तब तो सवाल पर संदेह हो सकता है ,मगर कवि के लिए कविता का महत्व पहले से ही निश्चित होता है, तभी तो वह कवि कहलाता है| एक कवि के लिए भावनाओं का महत्व औरों से बहुत अलग होता है वह भावनाएं जिन्हें वह कभी गद्म या पद्य का रुप देता है. कवि के लिए कविता पूजनीय होती है ,कविता वह संसार होती है जहां कवि अपना घर बसा लेता है| कविता की भावना वह आकाश होती है जहां कोई भी कवि अपने परों खुलकर उड़ान देता है | एक कवि के लिए कविता उस वक्त उसका साथ देती है जब नश्वर संसार उसका साथ छोड़ देता है | कवि अपनी कलम की ताकत से इतिहास लिखता है ,खुद को औरों के साथ जोड़कर अनेक जज्बात लिखता है, औरों को सुनकर उसकी

कविता कैसी लगती है उससे पहले ही वह कवि के लिए उसकी कविता केवल शब्द नहीं बल्कि उसके जीवन का सार होती है. मैं खुद भी एक कवि हूं इसलिए मैं जानता हूं कि एक कवि अपनी कविताओं के साथ कितना संतुष्ट होता है. वह अपने एक भी शब्दों को कभी खोना नहीं चाहता संजोकर जीवन भर रखना चाहता है.

1. हद के भीतर रहना

हद के भीतर रहना सीखें ,

हद अपनी पहचानने हम।

हद के भीतर ही आनंद है,

हद के बाहर गम ही गम।

हद से बाहर जाए मछली तो

जिन्दा नहीं रह पाती ।

हद से बाहर जाए नदी तो,

सिर्फ तबाही लाती।

हद से ज्यादा गर्मी हो तो

अकाल भूमि पर पड़ता ।

इन्सा क्या हर जीव जंतु फिर

भूखा -प्यासा मरता ।

हद से ज्यादा सर्दी भी

हम सब को कहां सुहाती ।

एक पहर की ठंड से ही,

घिग्घी सब की बंध जाती ।

हद से ज्यादा वर्षा हो तो

हर तरफ मचता कोहराम ।

हद से ज्यादा हवा चले तो

अच्छा नहीं होता है परिणाम।

हद में सारी सृष्टि रहे, पर

हद खुद के लिए ना भाती।

औरों पर सीना जोरी की लत

हमको है बड़ा सताती।

भला करें या बुरा कुछ भी

2. जिसको भी अपना था चल

इसको भी अपनाता चल,

उसको भी अपनाता चल,

राही हैं सब एक डगर के, सब पर प्यार लुटाता चल।

बिना प्यार के चले न कोई, आँधी हो या पानी हो,

नई उमर की चुनरी हो या कमरी फटी पुरानी हो,

तपे प्रेम के लिए, धरिनी, जले प्रेम के लिए दिया,

कौन हृदय है नहीं प्यार की जिसने की दरबानी हो,

तट-तट रास रचाता चल,

पनघट-पनघट गाता चल,

प्यासी है हर गागर दृग का गंगाजल छलकाता चल।

राही हैं सब एक डगर के सब पर प्यार लुटाता चल।

कोई नहीं पराया, सारी धरती एक बसेरा है,

इसका खेमा पश्चिम में तो उसका पूरब डेरा है,

श्वेत बरन या श्याम बरन हो सुन्दर या कि असुन्दर हो,

सभी मछरियाँ एक ताल की क्या मेरा क्या तेरा है?

गलियाँ गाँव गुँजाता चल,

पथ-पथ फूल बिछाता चल,

हर दरवाज़ा राम दुआरा सबको शीश झुकाता चल।

राही हैं सब एक डगर के सब पर प्यार लुटाता चल।

हृदय हृदय के बीच खाइयाँ, लहू बिछा मैदानों में,

धूम रहे हैं युद्ध सड़क पर, शान्ति छिपी शमशानों में,

जंज़ीरें कट गई, मगर आज़ाद नहीं इन्सान अभी
दुनिया भर की खुशी कैद है चाँदी जड़े मकानों में,

सोई किरन जगाता चल,

रूठी सुबह मनाता चल,

प्यार नकाबों में न बन्द हो हर घूँघट खिसकाता चल।
राही हैं सब एक डगर के, सब पर प्यार लुटाता चल।

2. जुदा कोई सोच पालते रहिए

कोई जुदा सोच पालते रहिए ,

उसे जिन्दगी में ढालते रहिए॥

जिन्दगी खुद- ब -खुद न संवरेगी ,

कोई सूरत निकालते रहिऐ ॥

छांव गर चाहिऐ उम्र भर की ,

धूप का शौक पालते रहिऐं ॥

अपनी पहचान बनानी हो तो ,

सबको अचरज में डालते रहिऐ ॥

विवश हो कर गौर करेगी दुनिया ,

मुद्दा कोई ढंग से उछालते रहिऐ ॥

दोस्तों अपनी बेहतरी के लिए ,

नुक्श अपने में निकालते रहिऐं ॥

यक -ब-यक दिल चुरा लेगा कोई ,

लाख इसको संभालकर रहिऐ॥

वो कविता पढकर पसीजेगें कभी

भरम का क्या है , पालते रहिऐ

4. जीने का अभ्यास

वादे खाकर भूख मिटाते
आँसू पीकर प्यास
हम करते हैं पेट काटकर
जीने का अभ्यास।

पन्ने-पन्ने फटे हुए हैं
उधड़ी जिल्द पुरानी
अपनी पुस्तक में लिक्खी है
दुख की राम कहानी
भूख हमारा अर्थशास्त्र है
रोटी है इतिहास।

शिल्पी, सेवक, कुली, मुकद्दम
खूब हुए तो भृत्य
नून-तेल के बीजगणित का
समीकरण साहित्य
चार दिवस कुछ खा लेते हैं
तीन दिवस उपवास।

प्रश्नपत्र सी लगे जिंदगी
जिसमें कठिन सवाल
वक्त परीक्षक बड़ा काइयाँ
करता है पड़ताल
डाँट-डपटकर दुःख-दर्दों का
रटवाता अनुप्रास।

सँभला करते हैं गिरकर हम
आगे बढ़ते हैं

अपने श्रम से हम दुनिया
के सपने गढ़ते हैं
अंतरिक्ष से कभी न मांगा
मुठ्ठी भर आकाश।

5. जीत का मूल मंत्र

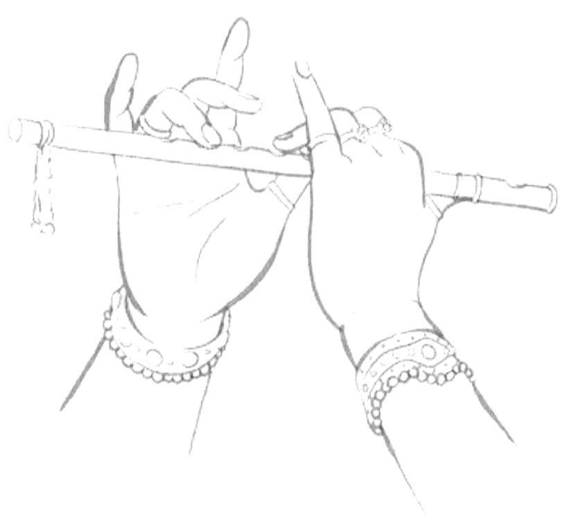

जीवन में कुछ अर्थपूर्ण करे

सपनों को अपने पूर्ण करे

जीवन के है अपने कुछ नियम

पालन से सफल होगा जीवन में सफल

एक लक्ष्य का करो निर्धारण

जिसका हो बार बार मनःउच्चारण

समय सीमा भी कर लो तय

और मन में कर लो दृढ़निश्चय

समर्पण और अनुशासन से लक्ष्य की ओर बढ़ते ही जाना

दर्द और कठिनाई में

तुम ना कभी पीठ दिखाना

बड़ा है अगर लक्ष्य तो

छोटे टुकड़ों में लो बाँट

समय की पाबंदियाँ

इन पर भी रखो साथ

हर छोटे लक्ष्य की प्राप्ति पर

खुद को भी सम्मानित कर लो

थोड़े देर ही सही पर

ज़िंदगी में उमंग भर लो

धीरे धीरे जीतना तुम्हारी आदत होंगी

सफलता में फिर ना कोई बाधक होंगी

बेझिझक अब कर दो इसकी शुरुआत

जीत के मूलमंत्र का उठा लो अब लाभ

6. आओ पहल करें

आओ पहल करे

किसी रूठे को मनाने का, किसी का बिगड़ी बनाने का

कोई रोते को हँसाने का, किसी भूखे को खिलाने का

थोड़ा ही सही, पर कुछ तो चहल करे

आओ पहल करे, आओ पहल करे

किसी का दर्द मिटाने का, अनपढों को पढ़ाने का

किसी को न्याय दिलाने का, बेवजह मुस्कुराने का

छोटा सा ही सही, पर प्रयास सफल करे

आओ पहल करे आओ पहल करे

धर्म और जात पात का, भाषा और क्षेत्रवाद का

अमीर और गरीब का, अपने अच्छे नसीब का

अहं को छोड़कर,झगडो को खतम करे

आओ पहल करे, आओ पहल करे

छत नहीं है जिसके पास, सोता जो खुले आकाश

कपकपाती ठण्ड में, कम्बल की जिसको है आस

रैन बसेरो का प्रबंध कर, कुछ की समस्या तो हल करे
आओ पहल करे, आओ पहल करे

7. जीवन का सुख

अ फूल मुझको बता तू ,आज तक क्यों खिलता रहा

तूने तो दी सबको खुशबू , तुझको क्या मिलता रहा ॥

हर भवरा तुझ से मिला , साथ मे एक शूल लेकर

काल का उडता पंछी , तेरे मस्तक पर धूल देकर ॥

तेरे आंगन मे तेरा बदन यू हीं छिलता रहा

अ फूल तू ------॥

तेरी हंसी जिन्दगी से , प्यार तो सभी ने किया

पल मे मुरझाने पर , तुझको यूं ही ठुकरा दिया

फिर भी नही घबराया ,तू शान से खिलता रहा

अ फूल मुझको -----॥

फूल ने कहा मुस्करा कर ,

अभी तू नादान है जीवन के सच्चे प्यार से ,

तू अभी अनजान है ,देने के बदले लेना ,

यह तो एक व्यापार है, जो दे कर भी कुछ न मागें ;

वही तो सच्चा प्यार है ,मुझे सभी से प्यार है इसलिए ,

आज तक खिलता रहा ,मांग कर भी जो न मिला;

मुझे बिन मागें मिलता रहा

करता हूं उस "देव" के हर जर्रे - जर्रे से प्यार

इसलिए इस बागे चमन मे शान से खिलता रहा ---

8. मिथ्या जीवन

मिथ्या जीवन के कागज पर सच्ची कोई कहानी लिख।

नीर क्षीर तो लिख ना पाया पानी को तो पानी लिख।

सारी उम्र गुजारी रिस्तो की तुरपाई मे ।

दिल का रिस्ता सच्चा रिश्ता ,बाकी सबकी बेमानी लिख।

मेरा घर क्यो रहा अछुता सावन की बौछारो से ,

शब्द कोश मे शब्द नही तो मौसम की नादानी लिख।

हारा जगत दुहाई दे कर

ढाई आखर की हर बार ,

राधा का यदि नाम लिखे तो ,

मीरा भी दिवानी लिख।

9. अपनों से प्यार

लोगों को अपने सपनों से प्यार है.

हमें तो बस अपनों से प्यार है।

टूटते बिखरते रहते हैं सपने यहाँ,

अपने बिखरे तो सूना सारा संसार है।

रिश्तों की अहमियत पहचानों,

स्वार्थ के लिए इन्हें कभी तोड़ी नहीं।

रिश्ते हमारे सुख दुख के साथी है,

बस स्वार्थ के लिए रिश्ते जोड़ी नहीं ।

फ़रिश्ते बहुत कम है दुनियाँ में,

जरूरत पर यही रिश्ते काम आते हैं।

रिश्तों से हम बेरुखी नहीं करते.

रूठते हैं रिश्ते तो हम उन्हें मनाते हैं।

10. प्रेम कहां मिलता है

प्रेम कहाँ मिलता है?

खेतों में और खलिहानों में, गाँव के उन कच्चे मकानों में

कच्ची कच्ची हर डगर में, मीठे पानी वाले उस नहर में

बूढ़े पीपल की प्यारी छाँव में, कागज़ वाली छोटी नाव में।

बचपन से जुड़ी हर याद में, अम्मा की प्यार भरी डाँट में।

पेड़ पर चिड़िया की चहक में, मिट्टी की सौंधी सी महक में

खेतों में फैली हरियाली में मंदिर के झंडे की लाली में।

मां के माथे की बिंदिया में, उनकी गोद की निंदिया में।

पिता की मार और डाँट में, दादू बैठते हैं उस खाट में।

चैत माह के दोपहर में, गर्मियों में लू के लहर में।

अंधेरे में जलते ढिबरी में, चमकती चाँदनी सुनहरी में।

साग के मेथी वाले तड़के में, पानी वाले सुराही मटके में।

खुले गगन के नीचे तारों में, रात्रि में जुगनू के झनकारों में।

बैलों की रुनझुन माला में, और गायों की गौशाला में |

बचपन वाली रखी गुड़िया में, वो आमचूर की पुड़िया में।

इन छोटे छोटे सामानों में नहीं बड़े बड़े दुकानों में।

जो गाँव मेरे मन बसता है, प्रेम वहीं ही तो मिलता है।

11.आसमान को अपने नाम कर लू

सितारों से भरा,

उम्मीदों से सजा जहां जगमग रौशनी रहती हो

जहां चांद से नहीं, बल्कि खुशियों से महफ़िल सजती हो

दुख हो मगर संग हिम्मत हो

लाख तूफानों में भी संग ताकत हो

मेरे आसमान में दौलत हो

परन्तु उदारता से ही शानो-शौकत हो

कुछ झिलमिल- झिलमिल तारे हों

कुछ चमचमाती बहारें हो

पत्थर में जीव ना तलाशे कोई

खुद आप में ईश्वर पाए वही

आपस में कोई बैर ना हो,

ना अंतर अपने- गैर में हो उड़ता परिंदा आजाद हो,

जुगनूओं से चमचमाती रात हो

पंखों को फैलाकर उड़ान भर लूं

मैं ऐसे आसमान को अपने नाम कर लूं।

12. कहीं प्यार कहीं टकराव मिलेगा

जब तक चलेगी जिंदगी की सांसे, कहीं प्यार कहीं टकराव मिलेगा।

कहीं बनेंगे संबंध अंतर्मन से तो, कहीं आत्मीयता का अभाव मिलेगा

कहीं मिलेगी जिंदगी में प्रशंसा तो, कहीं नाराजगियों का बहाव मिलेगा

कहीं मिलेगी सच्चे मन से दुआ तो, कहीं भावनाओं में दुर्भाव मिलेगा।

कहीं बनेंगे पराए रिश्तें भी अपने तो कहीं अपनों से ही खिंचाव मिलेगा।

कहीं होगी खुशामदें चेहरे पर तो, कहीं पीठ पे बुराई का घाव मिलेगा।

तू चलाचल राही अपने कर्मपथ पे, जैसा तेरा भाव वैसा प्रभाव मिलेगा।

रख स्वभाव में शुद्धता का 'मनोज' तू अवश्य जिंदगी का पड़ाव मिलेगा ||

13. जर्मी भी जरूरी है

जाना है आसमां पे, तो जर्मी भी ज़रूरी है

सुधरने के वास्ते, कुछ कमी भी ज़रूरी है....

मौसम रहे एक सा तो क्या मज़ा जीने में,

थोड़ी सी ठंडी, थोड़ी सी गर्मी भी ज़रूरी है....

यूं दिखा कर आँखें काम चलता नहीं अब,

कभी सख्ती, तो कभी नरमी भी ज़रूरी है ....

शांत दरिया में ढेला न फेंका तो मज़ा क्या,

हलचल के वास्ते, कोई किश्ती भी ज़रूरी है...

गर बनानी है बात तो उष्णता छोड़ दो

बीज बोने के वास्ते,

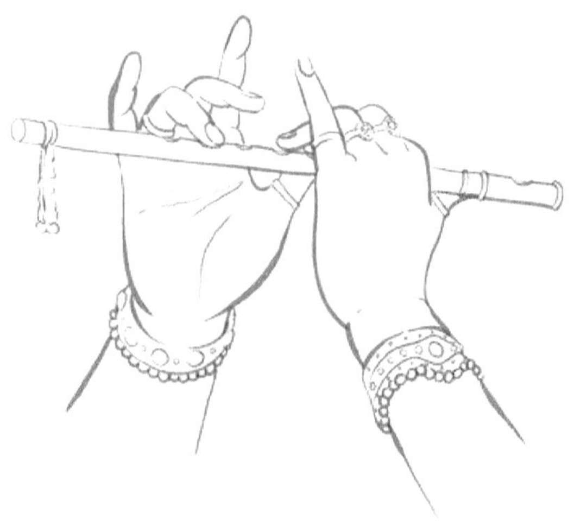

कुछ नमी भी ज़रूरी है....

14. मन चाहिए

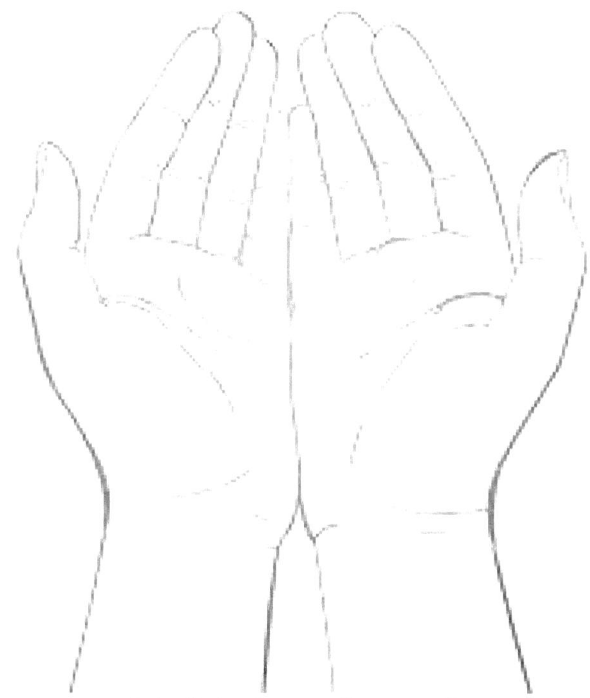

कुछ कर गुज़रने के लिये मौसम नहीं, मन चाहिए !

थककर बैठो नहीं प्रतीक्षा कर रहा कोई कहीं

हारे नहीं जब हौसले तब कम हुये सब फासले

दूरी कहीं कोई नहीं केवल समर्पण चाहिए !

कुछ कर गुज़रने के लिये मौसम नहीं, मन चाहिए !

कोई न हो जब साथ तो एकान्त को आवाज़ दें !

इस पार क्या उस पार क्या ! पतवार क्या मँझधार क्या !!

हर प्यास को जो दे डुबा वह एक सावन चाहिए !

कुछ कर गुज़रने के लिये मौसम नहीं, मन चाहिए

15. जीवन का फलसफा

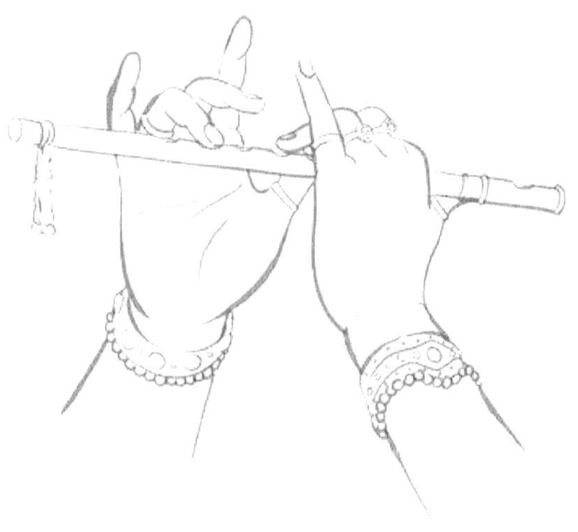

आखिर पूछ ही लिया मैंने दीये से,

कि तुम करते हो रोशन जहां सारा,

मगर क्यों होता है तुम्हारे तले अंधियारा,

पहले वो धीमे से थोड़ा मुस्कुराया,

फिर उसने मुझे प्यार से समझाया,

कभी देखा तुमने दरिया को पानी पीते,

या देखा कभी तरुवर को फल खाते,

कभी देखा तुमने सर्दी को कंपकपाते,

या देखा कभी चींटी को आराम फरमाते,

कभी देखा तुमने हवा को सुस्ताते,

या देखा कभी मधुमक्खी को शहद खाते,

सब अपने अपने कर्म हैं करते,

दूसरों के लिए जीते, दूसरों के लिए मरते,

तो मैं भी करता हूँ रोशन दुनिया, नहीं करता रोशन खुद का तला,

यही फलसफा है जीवन मेरे का, कर सब का भला, कर सब का भला ||

16. हर हाल में खुश रहो

अंजान सी है ज़िन्दगी, हर हालात में खुश रहो,

अपनों से यूं ही, चंद मुलाक़ात में खुश रहो,

लबों पे गर गीत न हो तो, उसकी साज से खुश रहो,

कोई खफा हो गर, उसके अंदाज़ से खुश रहो,

जो हक़ीक़त में न हो पास, उसके ख्वाब से खुश रहो,

जिस चेहरे का दीदार न हो, उसके नक़ाब से खुश रहो,

कोई तड़पाए गर तो, उसकी याद से खुश रहो,

अपने तो अपने पर, गैरों की फ़रियाद से खुश रहो,

जिज्ञासा में क्या रखा है, कुछ राज़ से खुश रहो,

पता नहीं कल क्या होगा, अपने आज से खुश रहो,

अधिक बटोरने की चाह क्यों, उसके माप से खुश रहो,

क्यों किसी का साथ ढूंढते हो, कभी अपने से खुश रहो,

कैसी भी हो ज़िंदगी, हर हालात में खुश रहो

17. पापा

एक उंगली पकड़कर, जिनकी अंधेरे में उजाला देखा

जिनके कंधों पर चढ़कर, मैंने जग सारा संग्रहालय देखा |

पापा, वह आप ही हैं...

भावों के प्रवाह में, सागर को नदी के, संग में,

बहते देखा बचपन से,चंचलता की नावें, एक माझी, पार लगाते देखा ।

वह माझी, पापा आप ही हैं...

एक अंकुरित पौधे को, फलने, फूलने,

दीर्घ वृक्ष बनने तक हृदय लहू से, सींचते देखा,

अपने हाथों की रेखाओं में भी, जिसने सन्तानों का जीवन देखा ।

जीवनदाता, पापा वह आप ही हैं...

विपदा, हर समस्या के सामने, सीना तानें,

एक शख्स देखा बुराई की लपटों से दरखते बचाते,

जलता सदैव एक वृक्ष देखा । वह वृक्ष, पापा आप ही हैं...

एक सन्त साधना जैसे करता है

वैसे मेरे जीवन पे ध्यान लगाते देखा

मन की गगरी को, भरने वाला बस! एक वही, बादल देखा ।

वह बादल, पापा आप ही हैं....

18. वे लोग बड़े होते हैं

जो गिरकर फिर से अपने पैरों पर खड़े होते हैं

मेरी नज़र में वो लोग बड़े होते हैं....

अक्सर वो लोग ही नया इतिहास गढ़ते हैं

जिनके ख्याल बुलंद और ख्वाब बड़े होते हैं....

खुदा को पाना है तो इबादत में डूबना होगा

मोती समन्दर की गहराई में ही पड़े होते हैं....

सब्र कर तेरी मेहनत रंग जरूर लाएगी

वो फल मीठे होते हैं जो पककर झड़े होते हैं......

तू समझता है ये मिट्टी सिर्फ धूल है

तो ये तेरी भूल है खजाने भी तो इसी मिट्टी में गड़े होते हैं...

19. मत गिनो मील के पत्थर

मत गिनो मील के पत्थर को,

तुम बस अपनी मंज़िल देखो।

जो बीत गया सो बीत गया,

अब आने वाला कल देखो।

हर पथ में आतीं बाधाएँ,

हिम्मत से सबको पार करो।

अपने भविष्य के सपनों को,

निज मेहनत से साकार करो।

कुछ वृक्ष लगाओं छाया के,

मिलने वाला प्रतिफल देखो।

जो बीत गया सो बीत गया,

अब आने वाला कल देखो ||

जो लोग राह में रुक जाते,

तो सिर्फ अंधेरा मिलता है।

जो जाग रहा है उसको ही,

एक नया सबेरा मिलता है।

हों कठिन प्रश्न चाहे जितने तुम उत्तर एक सरल देखो।

जो बीत गया सो बीत गया, अब आने वाला कल देखो।

20.हार जीत

खान से निकले हीरो में कभी दरार होती है क्या,

एक बार हार जाने से कभी हार होती है क्या......

जितनी कोशिशें करेगा तू उतना तराशा जाएगा

अगर कोशिशें ही छोड़ दी तो तमाशा बन जाएगा।

आँसू और पसीने की हर एक बूंद का,

हिसाब मायने रखता है।

मेहनत करने वालों की तकदीर, कभी लाचार होती है क्या।

एक बार हार जाने से कभी हार होती है क्या......

गंभीर हालातों में भी कुछ कर दिखाने वाले अजूबे होते हैं।

क्योंकि जितने नाजुक हालात उनके, उतने ही पक्के मंसूबे होते हैं।

कभी किसी के जीवन में मुसीबतें बरकरार होती हैं क्या

एक बार हार जाने से कभी हार होती है क्या......

21. आज ही चलना होगा

जो वक़्त हैं आज साथ में, वो हाथ में कल ना होगा

पानी है मंज़िल कल तुम्हें तो

आज से ही चलना होगा

चमकना है अगर कुंदन सा तो, तेज़ आग में तपना होगा

गर सारे सपने करने पूरे

तो नींद से अब जगना होगा.

पानी है मंज़िल कल तुम्हें तो............!!

स्वर्ग, नर्क ये सब यही है, पाना है तो मरना होगा

गर पानी है रात नींद चैन की

तो दिन भर अब थकना होगा...

पानी है मंज़िल कल तुम्हें तो............!!

रात घनी है, कही प्रभा नहीं है,

ख़ुद दीपक सा जलना होगा

पाँव में छालें, कोई पास नहीं है

अब घुटनो से ही बढ़ना होगा पानी है मंज़िल कलतुम्हें तो.........॥

22. बचपन खोया सा

बचपन खोया सा लगता है, जबरन उन्हें पढ़ाने में

शिक्षा सर्कस बन बैठी है, बस तालमेल बैठाने में

क्या बेटी, क्या बेटा है अब, सब ही लाचार से दिखते हैं

बहुत दर्द होता है साहेब, तब जाकर हम लिखते हैं

इससे तो काफी बेहतर था,

जब संस्कार पढ़ाया जाता था

चरण वंदना, शिष्टाचार, आपस में प्यार सिखाया जाता था

अब तो धनवान का बचपन खोया है

बस मोबाईल के फैसन और गानों में

निर्धन का बचपन खोया है,

किसी तरह जैसे तैसे पेट की भूख बुझाने में

किसका किसका नाम लिखूँ और किसका बचपन लिखूँ मैं

ममता, समता, समरसता मुझे सब व्यर्थ दिखा जमाने में।

23. जरूरी तो नहीं

मेरी हर बात मे जिक्र हो तेरा, जरुरी तो नही।

पर तेरा नाम आ ही जाता है, मेरी बातो मे ,

कोई मजबूरी तो नही--

बहते -बहते भी तो सूख जाते है,

हर दरिया ही सागर मे गिरे , जरुरी तो नही--

हर फूल की किस्मत भी अलग है ,

हर फूल ही मन्दिर मे रखा जाये, जरुरी तो नही--

चोट लगती है , तो आसू बहते है,

हर चोट पे आख भर आये जरुरी तो नही--

तुझे मांगा है मैने हर दुआ मे ,

हर पल कोई तारा टूट जाये, जरुरी तो नही--

कुछ तो भावनाए भी मायने रखती है ,

मेरा हर शब्द लब्जो मे बया हो, जरुरी तो नही --

हर वक्त खाई साथ जीने-मरने की कसमे

वो दे जिन्दगी भर साथ जरुरी तो नही--

24.कभी-कभी

कभी अपनी हंसी पर भी आता है गुस्सा ,

कभी जग को हंसाने को जी चाहता है॥

कभी रोता नहीं मन किसी की मौत पर भी ,

कभी यूं ही आसूं बहाने को जी चाहता है॥

कभी अच्छा लगता है खुले गगन मे उड़ना ,

कभी किसी बन्धन मे बन्ध जाने को जी चाहता है॥

कभी अपने भी लगते है, बेगाने से ,

कभी बेगानों को भी अपना बनाने को जी चाहता है॥

कभी सारी दुनिया का साथ बहुत भाता है,

कभी खुद को ही भुलाने को जी चाहता है॥

कभी चाहता हूं , दुनिया की सारी दौलत भी ,

कभी अपना भी गवानें को जी चाहता है ॥

कभी मांगता हूं , एक और नया जीवन ,

कभी इसको भी लुटाने को जी चाहता है॥

25. किस्मत

जब मै छोटा सा बच्चा था

राह मे एक राही ने मुझे रोका था

गौर से देखा था उसने मेरी हथेली को

जैसे बूझे कोई किसी पहेली को

कुछ देर वो यू हीं देखता रहा ; फिर आह भरी ---और कहने लगा --

ऐ बच्चे ये जो तेरे हाथों की लकीरें हैं

इनमे मैने तेरा जीवन देखा है

ये तु क्या लिखवाकर लाया है

गम ही गम तेरे हिस्से मे आया है

इक दिन तुझ पर ऐसा भी तो आना है

लोग कहेगं कि तु पागल है , दिवाना है

भटकेगा दरो- दिवार इक आस लिए

मर जायेगा नदी किनारे प्यास लिए

गमों का इतना लम्बा साथ नहीं देखा

मैने आज तक ऐसा हाथ नही देखा ॥

उस दिन मैने ठाना , बदलूगां इन लकीरों को , भाग्य की इन तहरीरों को ,

बनाऊंगा सबसे अलग अपनी पहचान जुदा

के मरने के बाद रोयेगा ये जहां , औरवो खुदा

26. सपनों को सजा कर चलो

ऑंख में आसमान बसा कर चलो

पॉव खूब जमीन पर जमा के चलो ॥

मील के पत्थरों को मत देखो

ख्वाबों में नए कारवॉ बसा के चलो ॥

जिन पडावों पे धूप तंग करे

तुम वहॉ गुलमोहर लगाते चलो ॥

फिर रास्ता न कोई भट्के कभी

पैरों के अपने निशान बनाते चलो ॥

बडे गुलशन अगर बना न सको

तो फूल गमलों में ही लगाते चलो ॥

बनना है , दूसरों से गर जुदा तुम्हें

डुग-डुगी अपनी भी बजाते चलो ॥

सोच उम्दा जो हो ,गढ़ते रहो

ताजमहल तुम भी इक बनाते चलो

जीत, बिन हार के बे-लज्जत है

हार को भी गले से लगाते चलो ||

27. वक्त नहीं

हर खुशी है, लोगों के दामन मे ,

पर हंसी के लिए भी वक्त नहीं ॥

दिन- रात दौडती दुनिया में ,

कुछ सूकून के लिए भी वक्त नहीं ॥

माॅं की लोरी का एहसास तो है ;

पर माॅं को माॅं कहने का भी वक्त नहीं ॥

रिश्तों को तो हम है, मार चुके ,

पर उन्हें दफनाने तक का भी वक्त नहीं ॥

नींद भरी है आॅंखों में , पर सोने का भी वक्त नहीं ॥

दिल है गमों से भरा , पर रोनें का भी वक्त नहीं ॥

पैसों की दौड में ऐसे दौडे ,कि थकने का भी वक्त नही ॥

परायें एहसासों की क्या बात करें

जब अपनों के लिए भी वक्त नहीं ॥

चाह रहा था , करना उजाला , पर दीया जलाने का भी वक्त नही ॥

निकल पडा हूं , पाने को मंजिल , पर जश्न मनाने का भी वक्त नही॥

28.सलीका तो लाइये

अपनी मचान से नीचे तो आइऐ

हर एक को फिर आप अपनी हद में पाइऐं ॥

घर के दरो-दिवार मे क्यों घूट रहे है आप

बाहर निकल कर पूरें जंहा को अपना घर
बनाइऐं ॥

क्यों गमजदा है , कि आप की सुनता नहीं कोई

कहने के तरीके मे सलीका तो लाइऐं ॥

थोडा ठहर - ठहर के पडावों का लुत्फ ले

रफ्तार को ही आप न आदत बनाइऐं ॥

दूसरों की वाह - वाह मे गफलत न पालिऐं

खुद भी कभी आइने से नजरें मिलाइऐं ॥

" देव " कुछ जूनुन लेकर जुदा जिन्दगी जिऐं

अपने निशान इस जंहा मे छोड जाइऐं ॥

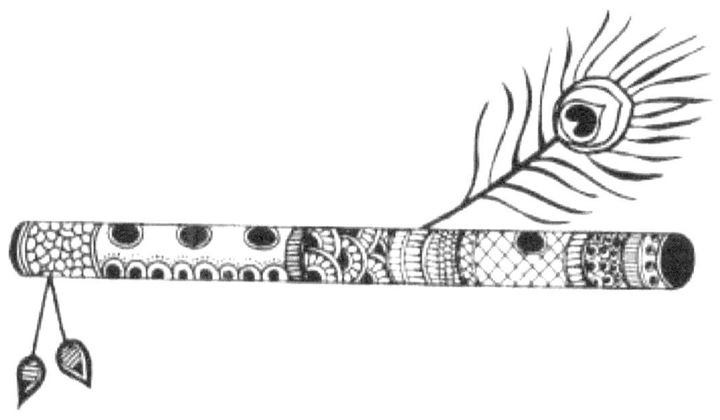

29. अतीत- वर्तमान

अतीत से वर्तमान , कल्पनाओं से भविष्य

सिंध से सिंधू , हिन्द से हिन्दुस्तान बनते देखा है

मैने आज में कल को देखा है -॥

ख्वाबों को हकीकत , तकनीक को सहारा

विज्ञान को जरुरत , स्मृतियों को इतिहास बनते देखा है

मैने आज मे कल को --॥

आग से मिट्टी ; मिट्टी को पानी ,

पानी को समीर , समीर से आसमान संवरते देखा है ,

इन्हीं पंच तत्वों मे मैने इन्सान पनपते देखा है

मैने आज मे कल --॥

सच्चाई से अमरता , झूठ को छलावा

आवश्यकताओं को आविष्कार ,

विश्वास को सम्मान बनते देखा हैं

कभी - कभी खुद मे इस जहान को देखा है

मैने आज मे कल को --॥

अनजानों को जरुरत का सामान बनते देखा है

खुद की छवि को स्वाभिमान बनते देखा है

मैने पत्थर को भगवान बनते देखा है ,मैने आज मेकल को
देखा है ॥

30. राही

थककर बैठ न जाना राही, अभी न आया गाँव है

माना तपती धूप है जीवन, मिलती फिर भी छाँव है

धूप में जितना चल पाओगे,

खुद में उतना बल पाओगे

जो भी अमर हुआ है जग में, छिला उसी का पाँव है

थककर बैठ न जाना राही, अभी न आया गाँव है

आस – निरास भरा जीवन है,

हानि-लाभ तो आजीवन है

जीवन की चौसर पर सबका अपना-अपना दाँव है

थककर बैठ न जाना राही, अभी न आया गाँव है

ज्यों – ज्यों सीढ़ी चढ़ जाओगे,

संदेहों के गढ़ पाओगे

जग का हर इक रिश्ता-नाता 'भ्रम-कागा' की काँव है

थककर बैठ न जाना राही, अभी न आया गाँव है

जग में मोती चाहो पाना,

गहरे सागर मथते जाना

संयम से जीवन में मिलता हर अभिलाषित ठाँव है

थककर बैठ न जाना राही, अभी न आया गाँव है

31. सपने

निकल पड़े हे घर से ख्वाबो के पीछे , तेज धुप में आँखों को मीचे ,

शुन्य से भरे आसमा के नीचे ,

कितने हे सवाल कुछ बुझे, कुछ उलझे |

ना मंजिल का ठिकाना ना राहों का पता,

अपनी तकदीर तो लकीरों को भी नहीं पता,

मील के पत्थर भी बताते नहीं रास्ता,

ना दिशाओ से कुछ मदद, ना हवाओ से सहायता |

थोड़े से पानी को मीलो चलाना हैं

लग जाये गर भूख तो खाना भी खाना हैं,

थोडा सा आराम फिर मीलो का चलना हैं.

ख्वाबो के कारवा का इतना सा फ़साना हैं

अनजाने रास्तो पर पाना हर सपना हैं ,

बेगाने चेहरों को बनाना अब अपना हैं ,

कैसे भी हो रास्ते, गाना यही गाना हैं

अँधेरी रात के बाद ही सुनहरा मुकाम आना हैं |

देखता हूँ सबक, सीखता हूँ ख़ुद से,

पर जैसा हूं मैं वैसा आ जाऊ नज़र दुनिया की भीड़ में,

हर मुसाफिर ने यहाँ अलग तराने गड़े

कुछ को मिली शोहरते तो किसी के फ़साने बने

कुछ गुम हो गए अंधेरो में तो कुछ रास्तो के पत्थर बने

हैं तकदीरो का खेल सब,कुछ ख्वाब तो ऊपर वाले ने भी इंसानों के लिए बुने

लगे जिस रास्ते के कांटे भी फूल की तरह.

पनपे अरमानो का पेड़ जहाँ, पाकर सपनो की सतह.

रहे दिलवालों की टोली जहाँ, हो जीने की हज़ार वजह.

चल पड़ा है ये मुसाफिर बसाने, वो ख्वाबो वाली जगह

32. रोटी

इस रोटी की चाह ने अब तो ,कसर न कोई छोड़ी है||

फुर्सत की चौपाल नहीं ,चाहत के ढोल मजीरे हैं,
अब साँसों से लाख गुना ,सपनों के बड़े जखीरे हैं,
अधरों पर ना गीत किसी के ,और न कोई लोरी है||

सिमटे सिमटे घर दरवाजे ,सिमटे सब जज्बात लिए,
चलते फिरते हैं लेकिन ,बस अवसादों की रात लिए,
हाले दिल किसको बतलाएँ ,ना वैसे रंग रंगोली है,

वैभव की मंडी में जितने ,हैं झालर फानूस खड़े,

ऊपर ऊपर ही चमचम हैं ,अंदर से मायूस बड़े,
है भूखे ज्यादा, जिनके ,हाथों में आज तिजोरी है

कूद रहे हैं लोग जहाँ ,नित लोभ कपट की खाई में,
निकलेगा बटमार वहाँ ,कब जाने किस परछाई में,
घायल हर दरबार में कैसी विश्वासो की डोरी है,

आए थे हम परदेस कभी ,गठरी में अपना गाँव लिए,

आँखों में खेतों का मंजर ,सर बरगद की छाँव लिए,

चाट गई अहसास की खुशबू ,कैसी धूप निगोड़ी है

33. सफर

कड़ी धूप पल भर की छाया,जीवन में विश्राम कहाँ

यह अविराम सफर है इसमें

चैन कहाँ! आराम कहाँ!

झुलसाती दुपहर जैसे ही,हमको पहर लगे सारे

जो भी प्यास बुझाने आता

उसके घूँट लगे खारे

माँ की गोदी-सी सुखदायी,लोरी गाती शाम कहाँ!

जो अपने से लगे उन्होंने

किया कपट, छल-द्वेष किया

हर आशा तोड़ी दर्पण-सी,सारा श्रम निःशेष किया

दुख बरसे सावन-भादों से

सुख की भोर ललाम कहाँ!

नजरों में विश्वास न होता,वाणी में उल्लास नहीं

दूर-दूर तक अपनेपन का

होता है आभास नहीं

धैर्य बँधाते प्यार लुटाते,वे कान्हा बलराम कहाँ!

34. मोती

सागर तट पर मोती, सूरज ढलते ही ज्योति,

ऐसे सुखद संयोग मिले, जिस जगह रहा,

जिस जगह गया, वहीं पर अच्छे लोग मिले।

कुछ अजनबी अपने बने, कुछ अपनों ने क़ुर्बानी दी,

कुछ बड़ों ने प्यार से डाँटा, कुछ बच्चों ने नादानी की

अनजानों के संग चलने के, उनके संग घुलने-मिलने के,

अद्भुत-अतुल्य प्रयोग मिले, जिस जगह रहा,

जिस जगह गया, वहीं पर अच्छे लोग मिले।

उनका हुनर था तारे छूने का, पर पाँव थे ज़मीं पर टिके हुए,

प्रेम, सादग़ी, विनम्रता जैसे, शब्द थे दिल पर लिखे हुये।

पाकर भी अहंकार ना हो, निंदा से सरोकार ना हो,

ऐसे वचन अमोघ मिले, जिस जगह रहा,

जिस जगह गया, वहीं पर अच्छे लोग मिले।

35. छोटी छोटी बातें

छोटी छोटी बातों में, कितना सुख समाया है

उनकी वो मुस्कुराहट, उनके आने की आहट,
छोटी सी पाती में कितना सन्देसा आया है।
छोटी छोटी बातों में....

नन्हे से ताल में, पूरे गगन की छाया,

छोटे से पंछी ने, उड़ने को पर फैलाया,

नन्हीं कलियों ने, सौरभ बिखराया है।

छोटी छोटी बातों में....

छोटे से शब्द माँ में, कितना छिपाहै प्यार,

छोटी सी एक 'हाँ' ने, बदला मेरा संसार,

थोड़ा सा देकर मन ने, कितना कुछ पाया है।

छोटी छोटी बातों में....

कुछ ही शब्दों से मिलकर, गीत एक बन जाता है

सात सुर की सरगम से, उनमें स्वर ढल जाता है,

उन गीतों से किसी ने, सपना सजाया है।

छोटी छोटी बातों में, कितना सुख समाया है

36. चिंता छोड़ो

चिंता को छोड़ो, चिंतन से जीवन भर लो!

क्यों पीते हो ज़हर, स्वयं को अमृत कर लो!!

चिंता चिता समान जगत में,

चिंतन ही अमृत देता है!

तन-मन पावन हो जाते हैं,

ज्योति ऐसी भर देता है!!

संदेह छोड़ कर, विश्वासों से मन भर लो!,

क्यों पीते हो ज़हर, स्वयं को अमृत कर लो!!

संदेहों से अँधा हो जाता जीवन,

उजियारा विश्वासों से ही मिलता है!

छोड़ो अंध-कूप में नित डूबे रहना,

हृदय-कमल तो विश्वासों में खिलता है!!

स्वार्थ छोड़ कर, परोपकार से जीवन भर लो!

क्यों पीते हो ज़हर, स्वयं को अमृत कर लो!!

जीकर अपने लिए मिलेगा क्या बोलो,

खुशियाँ देकर ही तो खुशियाँ पाओगे!

जिस पल जी लोगे दूजों की ख़ातिर तुम,

उस पल समझो अमृत ही हो जाओगे!!

अहं छोड़ कर, विनय से यह जीवन भर लो!

क्यों पीते हो ज़हर, स्वयं को अमृत कर लो!!

37. चांद की बातें

चांद की बातें करते हो, धरती पर अपना घर ही नहीं
रोज़ बनाते ताजमहल, संगमरमर क्या कंकर ही नहीं
सूखी नदिया नाव लिए तुम बहते हो यूँ ही
क्या लिखते रहते हो यूँ ही

आपके दीपक, शमा, चिराग़ में आग नहीं, पर जलते हैं
अंधियारे की बाती, सूरज से सुलगाने चलते हैं
आँच नहीं है चूल्हे में, पर काँख में सूरज दाबे हो
सीले, घुटन भरे कमरे में, वेग पवन का थामे हो
ठंडी-मस्त हवा हो तो भी दहते हो यूँ ही

ठोस क़दम की बातें करते, कठिनाई से बचते हो
बिना किए ही मेहनत के, तुम मेहनत के छंद रचते हो
सारी दुनिया से रूठे हो, कारण क्या कुछ पता नहीं
भीतर से बिखरे-टूटे हो, कारण क्या कुछ पता नहीं
प्रश्न बड़े हैं उत्तर जिनके कहते हो यूँ ही

क्या लिखते रहते हो यूं ही

38. वक्त बताओ तो अच्छा है

खुद में रह कर वक़्त बिताओ तो अच्छा है,

खुद का परिचय खुद से कराओ तो अच्छा है.....

इस दुनिया की भीड़ में चलने से तो बेहतर,

खुद के साथ में घूमने जाओ तो अच्छा है....

अपने घर के रोशन दीपक देख लिए अब,

खुद के अन्दर दीप जलाओ तो अच्छा है.....

तेरी, मेरी इसकी उसकी छोडो भी अब,

खुद से खुद की शक्ल मिलाओ तो अच्छा है....

बदन को महकाने में सारी उम्र काट ली,

रूह को अब अपनी महकाओ तो अच्छा है....

दुनिया भर में घूम लिए हो जी भर के अब,

वापस खुद में लौट के आओ तो अच्छा है....

तन्हाई में खामोशी के साथ बैठ कर,

खुद को खुद की ग़ज़ल सुनाओ तो अच्छा है.....

39. मेरे दोस्त

मेरे दोस्त मेरे हमसफर, उदास न हो कठिन सही तेरी मंज़िल,

मगर उदास न हो

कदम कदम पे चट्टानें खड़ी रहें, लेकिन जो चल निकलते हैं

दरिया तो फिर नहीं रुकते ।

हवाएँ कितना भी टकराएँ आंधियाँ बनकर,

मगर घटाओं के परछम कभी नहीं झुकते मेरे दोस्त मेरे हमसफर

हर एक तलाश के रस्ते में मुश्किलें हैं,

मगर हर एक तलाश मुरादों के रंग लाती है।

हज़ारों चांद सितारों का खून होता है

तब एक सुबह फिज़ाओं पे मुस्कुराती है।

मेरे दोस्त मेरे हमसफर ...

जो अपने खून को पानी बना नहीं सकते

वो ज़िन्दगी में नया रंग ला नहीं सकते।

जो रास्ते के अन्धेरों से हार जाते हैं

वो मंज़िलों के उजालों को पा नहीं सकते।

मेरे दोस्त मेरे हमसफर,

उदास न हो कठिन सही तेरी मंज़िल, मगर उदास न हो

40. एक किरण

एक किरन काफी है सूरज तक जाने को

एक डगर काफी है मंजिल तक आने को

जीवन तो उत्सव है,नृत्य और गीत भरा,

इसको हम स्वीकारें,जीकर तो देखें हम

माना हैं कांटे, पर फूल भी नहीं है कम

थोड़ा तो हर्ष के झरोखे से लेखें हम

एक गंध काफी है बगिया तक जाने को

एक ऋचा काफी है ब्रह्म में समाने को

एक किरन काफी है सूरज तक जाने को

एक डगर काफी हे मंजिल तक आने को

एक प्यास काफी है सागर तक जाने को

एक महर काफी हे प्रभु दर्शन पाने को

एक अगन काफी है क्रांतियां उठाने को

एक लगन काफी है मुक्ति मधुर पाने को

एक किरन काफी है सूरज तक जाने को ..

41. जीवन

कितनी छोटी नाव जीवन की कितनी लम्बी झील।

कितने सपनों को खोल रही, उलझी जीवन की रील।।

ज़र-ज़र मिट्टी की काया है, पीछे रेगिस्तान।

कोने-कातर से लटक रहे है, फटे पुराने प्राणा

क्या कर लू और क्या न कर लूं, दो दिन का मेहमान

छिटक रहा नित-नित प्याला, अब खाली इसको जान

कितना चला जब पीछे देखा, कोस, फरलांग, या मील।।

कितने सपनों को खोल रही उलझी जीवन की रील...

जीवन तपिश की धूप में, मिली नहीं कहीं छांव।

घर अपना था जिस जगह, दिखा नहीं वो गांव।

शूल, धूल और भूल डगर पे, नंगे मेरे पांव।

आँख खोल कर देखा जग को, पाती नहीं है थाँव।

थोथे दंभ, और अहंकार है, झूठी जीवन की शील

कितने सपनों को खोल रही उलझी जीवन की रील.....

सूखे पत्ते, और टूटी डंडी, ये कैसा मधुमास ।

रात धुएँ की छांव ढूँढ़ती, कोई दूर नहीं पास।

अपने अपनों को ही छलते, किसकी करे अब आस।

ऐसे खेतों को कहां ढूंढ़ें, बोए जहां विश्वास

अपनी छवि को तरस गई, सूखी जीवन की झील।।

कितने सपनों को खोल रही उलझी जीवन की रील.........

42. अब मैं बूढ़ा होने लगा हूं

खोल के मनचाही किताब के पन्ने पढ़ते-पढ़ते ही सोने लगा हूँ

शायद लोग सही कहते अब मैं बूढ़ा होने लगा हूँ

पहले सी फुर्ती नहीं बदन में दो कदम चलने से थकने लगा हूँ

गिनी हुई साँसें हैं बांकी एक-एक को खींच के लेने लगा हूँ

आँखों से कम हो गया है दिखना कुछ ऊँचा भी अब सुनने लगा हूँ

भूख नहीं लगती अब उतनी ज़िंदा रहने को बस दाने चुगने लगा हूँ

पहले जिन बातों पे गुस्सा आता था अब उनको नज़रअंदाज करने लगा हूँ

बड़े बड़े बच्चों के आगे अपने ही गुस्से से डरने लगा हूँ

प्यार तो पहले भी करता था सबसे अब ज़ाहिर भी करने लगा हूँ

वक्त मिले न मिले कहने का इसलिये अब सब कुछ कहने लगा हूँ

मन में जितने उद्गार भरे थे आँखों से खाली करने लगा हूँ

फिर-फिर जो आँसू आते हैं. उन्हें आँखों की ख़राबी कहने लगा हूँ

शायद लोग सही कहते हैं अब मैं बुढ़ा होने लगा हूं

43. बुजुर्गों का ध्यान रखते हैं

बुजुर्गों का तहेदिल से जो सच में ध्यान रखते हैं

उन्हीं के सर पे आ के हाथ खुद भगवान रखते हैं

मुहब्बत फूल खुशियाँ और दुआएँ पोटली भर के

हम अपने घर में यारों बस यही सामान रखते हैं

यही सच में वजह है तन बदन मेरा महकने की

जलाए दिल में तेरी याद का लोबान रखते हैं

जीवन का सफर होता मुकम्मल उनका ही

मानो जो तीखे दर्द में चेहरे पे इक मुस्कान रखते हैं

मिलेगी ही नहीं थोड़ी जगह दिल में कभी उनके

तिजोरी है भरी जिनकी जो झूठी शान रखते हैं

उन्हीं की बात होती है उन्हीं को पूजती दुनिया

जो भारी भीड़ में अपनी अलग पहचान रखते हैं

गुलाबों से मुहब्बत है जिन्हें उनको खबर कर दो

चुभा करते वो कांटे भी बहुत अरमान रखते हैं

44. मुमकिन है तुम हार जाओगे

मुमकिन है कि तुम हार जाओगे, टूट तुम सैकडों बार जाओगे

एक बार फिर से सोच लो, कबतक सहार-ए-पतवार जाओगे,

उठ कर पुनः तू युद्ध कर, अपना वजूद सिद्ध कर,

एक हठ ज़ो अब है ठान लिया, एक लक्ष्य तूने मान लिया,

जीत तुम जरूर अबकी बार पाओगे।। मुमकिन...

बुलाएंगी हरदम रुकावटें तुझे, शहर की हज़ार जगमगाहटें तुझे,

मशाल को तू थामना, अँधेरे को कुछ मत मानना,

लक्ष्य जब इतना बड़ा, सामने विशाल-सा खड़ा,

हिम्मत तुम कैसे फिर हार जाओगे। मुमकिन..

संभव है तुझे कुछ भी न मिले, ये सफर तुझे अब व्यर्थ लगे,

तू हौसला ना हारना, एक बार फिर से ललकारना,

पीड़ा बहुत ही ख़ास है, पाने कि जब कुछ आस है,

तुम हो पथिक ये याद रखो, साहस अपने साथ रखो,

ये अभी शुरुआत है, रास्ते तुम ऐसे आगे हज़ार पाओगे।।
मुमकिन...

45. अंबर पर राज तुम्हें करना है

सोचता क्यूं है इतना, जब मीलों तुझको चलना है,

क्षणिक दर्द से क्या डरना, अंबर पर राज़ जो करना है।

रख हौसला, निराशा के बादल भी छंटेंगे,

तेज़ आंधियों में उन्हें कहाँ टिकना है।

संघर्ष कर, तू कर्म कर, वक़्त की ये मांग है,

मंज़िल के बारे में तुझे अभी क्यूँ सोचना है।

सोचता क्यूं है इतना, जब मीलों तुझको चलना है.......

आँधियों से क्यों डरे, तू बार-बार क्यूँ मुड़े,

जिद को अपनी याद रख, ओलों से तुझको लड़ना है।

क्या जीत में अर्जित किया, क्या हार में है खो दिया,

इतनी बड़ी है हार क्या, जो तू इसी से रो दिया,

यूँ बैठकर है क्या मिला, उठकर पुनः संघर्ष कर,

जबतक न निकले आग, तबतलक चंदन घिसना है।

सोचता क्यूं है इतना, जब मीलों तुझको चलना

जीवन ही इक संघर्ष है, कभी फर्श तो कभी अर्श है,

बाधाएं सच्ची साथी हैं, उनसे तुझे निखरना है।

यूँ हिम्मत क्यों हारना, बिसारना क्यूँ राम को,

जी-तोड़ तूने श्रम किया, जब त्याग कर अभिमान को,

आज ना तो कल सही, जैसे नदी का जल कोई,

धीरे-धीरे ही मगर, पहाड़ को चटकना है।

सोचता क्यूं है इतना, जब मीलों तुझको चलना है.....

46. दीप

दीप मुझे तुम सा जलना है
बहुत कारवाँ मिले राह में
     फिर भी एकाकी चलना है!

     अंतर्मन की चाह अधूरी
नहीं तेल ना बाती पूरी
पाँव थके हैं दूर सवेरा
     कैसी है यह भी मज़बूरी

     कठिन डगर है रैन अँधेरी
क्या कहना है? क्या सुनना है?

साक्षी है ये तमस हमारा
     हमने कोई समर न हारा
     बनती मिटती रेख धुएँ की
दुःख का करती है बँटवारा

हर कीमत पर मुझे समय के
आँसू का हर कण चुनना है!

दर्प आँधियों का कुचलेगा
आने वाला कल बदलेगा
मिट्टी में यदि मिल जाये तो
एक नया अँकुर निकलेगा

शूल बिछे हो यदि मीलों तक.
तब भी मुझको चुप रहना है

दीप मुझे तुमसा चलना ह

47.धड़कनों में बजने लगे संगीत

दर्द अपना हो या पराया हो,ज़िन्दगी में लय बनाकर गीत गाना

सीख,

धड़कनों में, साँस में बजने लगे संगीत !

नदी पत्थर तोड़,अपना पथ बनाती है

ज़िन्दगी संघर्ष है, लड़ना सिखाती है।

आदमी का अर्थ, जिस दिन जान लोगे तुम

यह भी तय है, खुद को भी पहचान लोगे तुम।

आँसुओं का दर्द, जब करवट बदलता है

इक अजन्मे गीत का,मुखड़ा निकलता है।

एक पल का दर्द, सदियों में पिघलता है,

तब किसी चट्टान से, झरना निकलता है।

दर्द अपना हो या पराया हो,ज़िन्दगी में लय बनाकर गीत गाना

सीख,

धड़कनों में, साँस में बजने लगे संगीत !

ख़ून से, मेहनत से जो,अपने पसीने से,

तोड़ता पत्थर है वो आवाज़ देता है;

हौसला रखता है जो, ऊँची उड़ानों का,

आसमानों तक वही परवाज़ देता है।

सिमटकर जब भूख, आँखों में समाती है,

मौत को फिर ज़िन्दगी,दर्पण दिखाती है।

वतन की मिट्टी को जो, सर से लगाएगा,

आने वाला वक्त, उसके गीत गायेगा !

दर्द अपना हो या पराया हो ज़िन्दगी में लय बनाकर गीत गाना

सीख,

48. बहन

जीवन की डोरी को साधे,नटनी जैसी चलती तू!

माँ-बाबा के घर-आँगन की,तू ही तो किलकारी है
पावन कर दे कोना-कोना,तू तुलसी की क्यारी है

बेटे कुल-दीपक कहलाते,कंदिल बन कर जलती तू!

भाई की नटखट बातों पर,मन ही मन मुसकाती है
सुख-दुख में परछाई बनकर,माँ-सा प्यार लुटाती है

संबंधों की ओढ़ चुनरिया,कितने रूप बदलती तू!

प्रियतम की साँसों में घुलकर,चन्दन-सा महकाती है
सूखे-बंजर, नीरव तट पर,बन सरिता बह जाती है

गीली माटी-सी चक्के पर,नये रूप में ढलती तू!

सूरज के गालों पर लाली,तूने ही बिखराई है
आम्र-बौर ने मादक खुशबू,तुझसे ही तो पाई है

जीवन के हर इक चेहरे पर,रंग अनोखे मलती तू!

49. खूबसूरत

खूबसूरत है ,वो लब जिन पर,दूसरों के लिए कोई दुआ आ जाए
!!

खूबसूरत है,वो दिल जो,किसी के दुख मे शामिल हो जाए !!

खूबसूरत है, वो जज़बात जो, दूसरो की भावनाओं को समझ
जाए !!

खूबसूरत है, वो एहसास जिस मे,प्यार की मिठास हो जाए !!

खूबसूरत है,वो बातें जिनमे,
शामिल हों दोस्ती और प्यार की किस्से, कहानियाँ !!

खूबसूरत है, वो आँखे जिनमे, किसी के खूबसूरत खवाब समा
जाए !!

खूबसूरत है ,वो हाथ जो किसी के,लिए मुश्किल के वक्त सहारा
बन जाए !!

खूबसूरत है ,वो सोच जिस मैं, किसी कि सारी ख़ुशी छुप जाए !

खूबसूरत है ,वो दामन जो, दुनिया से किसी के गमो को छुपा जाए !

खूबसूरत है,वो आसूँ जो, किसी और के गम मे बह जाए . . !

50. बूंदे

मौसम को सुहाना बनाती, ये बारिश की बूंदें,

सबको अपना दीवाना बनाती, ये बारिश की बूंदें,

कई प्यासों की प्यास बुझाती, ये बारिश की बूंदें,

निराश की फिर आस जगाती, ये बारिश की बूंदें,

खोटे को फिर खरा बनाती, ये बारिश की बूंदें,

पतझड़ को सावन बनाती, ये बारिश की बूंदें,

मैले को फिर पावन बनाती, ये बारिश की बूंदें,

नदियां में नयी उमंगें जगाती, ये बारिश की बूंदें,

दरिया में नई तरंगे जगाती, ये बारिश की बूंदें,

धड़कते दिलो में रवानी लाती, ये बारिश की बूंदें,

दो दिलों की नई कहानी बनाती, ये बारिश की बूंदें,

कुछ तो ख़ास है इन बारिश की, बूंदों में "मनोज",

जाने किसकी याद दिलाती, ये बारिश की बूंदे !!